Maroc

# Ernst Steiner **Maroc**

EDITION**PANORAMA**BIBLIOTHEK

## Marokko

Iris Lemanczyk

Lauer Wind säuselt durch Palmwedel und ziselierte Gittertore. Im Souk von Fès duftet es nach Rosmarin, Thymian, Lavendel, Nelken, Feigen, Datteln, Mandeln und Orangenblüten. Der Dadès-Fluss fräst sich durch die Hänge des Hohen Atlas und hinterlässt einen schmalen Streifen Fruchtbarkeit. Die Gipfel verschwinden hinter dem bleigrauen Vorhang der Dunkelheit. Männer in wallenden Gewändern palavern an Minztee-Ausschänken in Rabat. Der Ruf des Muezzin schallt durch die Gassen. In der Medina, der Altstadt von Meknès, schlendern verschleierte Frauen an mit bunten Fliesen dekorierten Brunnenbecken vorbei, denen das Wasser fehlt. In der Sahara tobt ein Sandsturm über ein Nomadenzelt hinweg. An endlosen Stränden aalen sich Sonnenhungrige, während eine Hochzeitsgesellschaft der Berber auf der Ladefläche eines Lastwagens zur Feier holpert. Und am Hafen von Tanger werden Containerschiffe gelöscht. Marokko – magisch, mystisch, archaisch, aber auch modern. Ein Land der Kontraste.

Auch geographisch. Beinahe 3000 Kilometer Küste an Atlantik und Mittelmeer. Mit felsigen Buchten, Steilküsten, feinen Sandstränden, mit Lagunen und Strandseen. Mit Rabat, Casablanca und Tanger. Parallel zur Mittelmeerküste erstreckt sich das Rifgebirge mit seinen immergrünen Laubwäldern, mit der Atlaszeder, der Marokkotanne und der Steinkiefer. Mit Korkeichen und im mittleren Teil des Rifs mit ausgedehnten Cannabispflanzungen.

Mittlerer und Hoher Atlas schließen sich ans Rif an. Ein gewaltiges Faltengebirge. Eine Klimascheide. Der Jabal Toubkal ist mit 4165 Metern der höchste Gipfel. Der Hohe Atlas erstreckt sich über 700 Kilometer in südwestlicher Richtung bis zur Atlantikküste. Nördlich von Agadir läuft er eindrucksvoll in den 1000 Meter hohen Klippen von Cap Rhir aus. Schroff, zerklüftet und kaum erschlossen sind der mittlere und nördliche Teil des Gebirges, der westliche Teil ist geprägt von fruchtbaren Hochebenen. Geologisch gehört der Antiatlas zur afrikanischen Platte, dagegen wird das Atlasgebirge der europäischen Platte zugeordnet.

Im Antiatlas wächst eine Besonderheit: die Arganie. Argania spinosa – ein Baum mit Seltenheitswert, der nur in Marokko in größeren Beständen gedeiht. Die UNESCO hat das Arganiengebiet in ihre Liste der zu schützenden Biosphäre aufgenommen. Durch Mahlen und Pressen gewinnen Bäuerinnen aus den olivenartigen Früchten ein Öl, in das als Spezialität Brot getunkt wird. Zudem ist es ein angenehm duftendes Pflegemittel für Haut und Haare.

Eine klassische Wüste mit Sanddünen ist in Marokko die Ausnahme, am ehesten findet man sie noch im Süden entlang der mauretanischen Grenze oder in der Westsahara. Weit breitet sich die Hammada aus: große, karge Felsflächen von Stein- und Schuttwüsten durchzogen.

Tanger. Es riecht nach durchzechten Nächten, nach Kif, dem marokkanischen Haschisch und nach Lebensgier. Tanger – an der Nahtstelle vom christlichen Abendland und dem arabischen Maghreb. Die Ursprünge der Stadt verlieren sich im Mythos: Nach der Sintflut soll die Arche Noah in Tanger angelandet sein. Heute gilt das Tor zu Afrika als Ort voller Drogen und ausschweifender Sitten. Armes, ruppiges Tanger, architektonisch zerfleddert in grauweiße Betonkuben. Während Marokko auf Unabhängigkeit drängte, wurde Tanger als „Internationale Zone" (1923 bis 1956) von sieben europäischen Nationen, den USA und ein paar marokkanischen

Abgeordneten verwaltet – und machte Karriere in der Halbwelt, im Drogenhandel, in der Prostitution und war Tummelplatz von Spionen. Maler, Musiker und Jetset wurden von der Aura Tangers angezogen. Eugène Delacroix und Henri Matisse malten hier, Mick Jagger, Truman Capote und Paul Bowles wohnten in Tanger. Hafenstadt mit Verbindungen zu 120 Städten in der Welt. Warenumschlagplatz. Teure Hafenanlagen, modern, riesengroß, leistungsstark, damit die Containerschiffe aus Asien ihre Waren löschen und in kleinere Frachter für das Mittelmeer umladen können. Gleichzeitig wird Phosphat verladen, ein Rohstoff, von dem Marokko die Hälfte aller weltweiten Reserven besitzt.

Weiter südlich liegt Rabat. Eine der vier Königsstädte Marokkos, die einzige am Meer. Seit 1912 Sitz des Sultans und der Regierung. Eine großzügig angelegte, unaufgeregte Beamtenstadt. Enge Gassen mit vielen Werkstätten und Läden in der Medina. Nur wenige Meter entfernt liegt der palmenbestückte Boulevard Mohammed V. mit dem Parlament aus burgunderrotem Marmor, die Flaniermeile der Schickeria. Der Almohaden-Herrscher Yacoub el-Mansour hinterließ im 12. Jahrhundert eine unvollendete Moschee, die so groß werden sollte, dass alle seine Truppen gemeinsam in ihr hätten beten können. Markantes Überbleibsel ist der ockerbraune Hassanturm, das Wahrzeichen der Stadt. Der Königspalast darf nicht überflogen werden, damit sich niemand ein Bild machen kann vom anscheinend unglaublichen Luxus, der darin herrschen soll.

Meknès, die Stadt von Sultan Moulay Ismail. Der Alaoiten-Herrscher hatte die Stadt Ende des 17. Jahrhunderts zum Königssitz erhoben, denn er traute den Bewohnern von Fès, der bisherigen Hauptstadt, nicht. Der bisher unbedeutende Berberort genügte dem Sultan nicht. Er war ein prunksüchtiger, grausamer König, größenwahnsinnig gar. Der Zeitgenosse Ludwig XIV. wollte aus Meknès ein Versailles Marokkos machen. Ville Impériale hieß sein monumentaler Palastbezirk mit Mosaiken aus Keramikfliesen, an dessen Bau mehr als 30 000 Sklaven beschäftigt waren. 500 Frauen, ein 150 000 Mann starkes Heer und 12 000 Pferde nannte er zudem sein Eigen. Das Baumaterial kam von eingerissenen Gebäuden und von den Ruinen von Volubilis.

Volubilis – die größte römische Ausgrabung in Marokko. Es war zunächst Garnisonsstadt der Römer und erhielt im Jahr 42 römisches Stadtrecht, da die Berber den Römern bei deren Eroberungen geholfen hatten. Im zweiten und dritten Jahrhundert erlebte Volubilis seine Blütezeit, vor allem wegen Olivenöl-Exporten und der Ausfuhr von Löwen und Leoparden für die Zirkusspiele in Rom.

Nicht weit davon Fès, die „blaue Stadt", königlichste, ranghöchste und älteste im Bunde der Königsstädte. 809 von Idriss II. zum Herrschersitz gekürt, mit Fès el-Bali, der größten noch erhaltenen Medina Marokkos und mit der angesehenen Kairaouine-Universität. Hort der Weisheit, eines der ältesten Lehrinstitute der Welt. Älter als Al-Azhar in Kairo, älter als die Zeituna in Tunis. Gar nicht zu reden von den um Jahrhunderte jüngeren Universitäten in Paris und Bologna, Salamanca oder Oxford.

Am Bab Boujeloud, dem schönsten der acht Stadttore, beginnt das Labyrinth aus Gassen, Wegen und Winkeln. Souk reiht sich an Souk. Im Viertel der Ledergerber stehen die Männer halbnackt und mit blutroten Waden in gekachelten Bassins und durchtränken ihre Ware mit leuchtenden Farben. Durch verschlungene Kanäle lassen sie die bunten Brühen ab- und frisches Wasser einlaufen. Von den Gerbern und Färbern ist es nicht weit zu dem Souk der Fleischer und Gemüsehändler. Die Vorderfronten der Läden sind sauber und üppig drapiert: Okraschoten,

Auberginen, Oliven, Zucchinis, Gurken, Tomaten und Zwiebeln sind in unüberbietbarer Frische gestapelt. Kräuter und die allgegenwärtige Minze, zu riesigen Haufen gebündelt, verströmen balsamische Düfte. Dazu Blüten, Rinden, Wurzeln.

Lehmrote Mauern vor der bläulich schimmernden Gebirgswand des Hohen Atlas. Das ist Marrakesch. Rote Stadt. Schnittpunkt, an dem die Einsamkeit aus Wüste und Gebirge auf Großstadtrubel trifft. Prall, bunt, intensiv ist das Leben hier. Mittendrin liegt die fünf Hektar große Bühne des Maghreb: der Djemaa el Fna. Platz der Geköpften. Schon längst gibt es keine abgehackten Köpfe mehr zu bestaunen, dafür Gaukler, Schlangenbeschwörer, Wahrsager, Wunderheiler, Märchenerzähler und Schreiber. Duftschwaden von gebratenem Schafshirn, Kichererbsenmus, Minztee und frisch gepressten Orangen. Auf Wunsch wird ein Pulver gegen Untreue gemixt – oder gegen Schweißfüße. Den ganzen Tag und die halbe Nacht schäumt der Djemaa el Fna. Nur beim Ruf des Muezzin verstummt er. Kaum ist der Ruf verhallt, erheben sich schon wieder die Rasseln der Gnawa, die Schalmeien der Aissaoua, die Trommeln und Geigen der Berber. Ein Überfall auf alle Sinne. Der Pulsschlag der Stadt.

Die Brandung bricht sich wenige Meter vor den marmorierten Mauern der 1993 eingeweihten Moschee Hassan II. in Casablanca. Der Leuchtturm des Islams. Nach Mekka die zweitgrößte Moschee der muslimischen Welt. Ein Teil der neun Hektar großen Plattform ragt ins Meer, 300 000 Kubikmeter Beton und 40 000 Tonnen Stahl sollen vor der Brandung und vor Erdbeben schützen. Ein gewaltiges Glasschiebedach sorgt für den Direktkontakt zum Himmel. Von der Spitze ihres 200 Meter hohen Minaretts strahlt ein Laserpfeil, der angeblich noch aus 35 Kilometer Entfernung zu sehen ist, Nacht für Nacht Richtung Mekka. 35 000 Handwerker waren sechs Jahre lang an dem Bau beschäftigt. Den überwiegenden Teil der Kosten habe die Bevölkerung gespendet, heißt es: Den Beamten zog man einen Teil ihres Monatslohns ab, Geschäftsleute bekamen die unmissverständliche Anweisung, bestimmte Summen abzuliefern.

Casablanca, das „weiße Haus“, ein Moloch. Drei Viertel der Industrie sind im Großraum Casablanca angesiedelt. Von dem kolonialen Ambiente, das der Film „Casablanca“ beschwört, ist nicht viel übrig geblieben. Selbst der Film hat das Ambiente künstlich erschaffen, wurde er doch vollständig in den Studios von Hollywood gedreht.

Egal, ob in Casablanca, der größten Stadt Marokkos, oder in Al-Hoceima im Rif, oder im Draatal, die Probleme sind dieselben: mangelnde Berufschancen für gut ausgebildete Jugendliche, Wohnungsnot und Korruption. König Mohammed VI., von den Jugendlichen „M 6“ genannt, weckte hohe Erwartungen, als er 1999 den Thron bestieg. Diener des Staates wolle er sein, hatte M 6 in seiner ersten Thronrede proklamiert. Doch der Glanz eines experimentierfreudigen Reformkönigs scheint zu erlöschen. Eine teure Monarchie, die wirtschaftlichen Wettbewerb, Gewaltenteilung und bürgerliche Freiheitsrechte blockiert – für viele Marokkaner ist dies kein entschlossener Strukturwandel.

Wenn tausend Sterne funkeln und eine milde Brise in den Duft von Orangenblüten das Parfum von Amber mischt, wenn im Tal der Rosen schon frühmorgens die Knospen gepflückt werden, um sie taufrisch auf dem Markt zu verkaufen, wenn unter Dattelpalmen ein Schattenplatz gefunden wird und der Minztee duftet, dann ist Marokko wieder mythisch und magisch. Es bleibt ein Land der Kontraste.

## Maroc

Iris Lemanczyk

Une douce brise agite les feuilles de palmier et passe en murmurant au travers de grilles de portail ciselées. L'air dans le souk de Fès est empli d'un mélange d'odeurs et de senteurs entêtantes : romarin, thym, lavande, œillets, figues, dattes, amandes et fleurs d'oranger. Le fleuve Dadès se faufile dans un sillon qu'il a creusé dans les versants du Haut Atlas dont surgit une étroite bande de sols fertiles. Les sommets disparaissent derrière un rideau de pénombre gris de plomb. À Rabat, des hommes revêtus d'amples djellabas discutent autour d'échoppes en buvant du thé à la menthe. L'appel du muezzin retentit à travers les ruelles. Des femmes voilées déambulent dans la médina, la vieille ville de Meknès, passant en chemin devant des fontaines décorées de faïences multicolores où l'eau ne coule plus. Dans le Sahara, une tempête de sable fait rage au-dessus d'une tente de nomades. Des vacanciers attirés par le soleil se prélassent sur les plages de sable interminables tandis que les invités d'un mariage berbère, massés à l'arrière d'un camion, se rendent en cahotant à la noce. Dans le port de Tanger, des porte-conteneurs sont déchargés. Le Maroc – un pays magique, mystique, archaïque mais aussi moderne. Un pays plein de contrastes.

Un pays de contrastes géographiques également avec presque 3 000 km de littoral en bordure de l'Atlantique et de la Méditerranée, ponctués de baies rocheuses, de côtes escarpées, de plages de sable fin, de lagunes et de lacs. Avec Rabat, Casablanca et Tanger. Avec, parallèlement à la côte méditerranéenne, la chaîne montagneuse du Rif couverte de forêts de feuillus persistants, de cèdres de l'Atlas, de sapins du Maroc et de pins parasols. Avec des chênes-lièges mais aussi de vastes cultures de cannabis dans la partie centrale des montagnes du Rif.

Le Moyen Atlas et le Haut Atlas s'étirent dans le prolongement de la chaîne du Rif. Une immense montagne formée par plissement. Le Jabal Toubkal qui culmine à 4 165 m est le plus haut sommet du massif. Le Haut Atlas s'étend sur plus de 700 km vers le sud-ouest jusqu'au littoral atlantique. Au nord d'Agadir, il s'achève de manière impressionnante aux falaises du Cap Rhir qui s'élèvent jusqu'à 1 000 m. Le massif est escarpé, déchiqueté et presque désertique dans ses parties centrale et septentrionale tandis que l'ouest est dominé par de hauts plateaux fertiles. Sur le plan géologique, les montagnes de l'Anti-Atlas font partie de la plaque africaine tandis que le massif de l'Atlas appartient à la plaque eurasienne.

L'Anti-Atlas possède une particularité : c'est en effet ici que pousse l'arganier. L'Argania spinosa est un arbre très rare que l'on ne trouve en grandes quantités qu'au Maroc. C'est d'ailleurs la raison pour laquelle l'UNESCO a classé la région où il pousse Réserve de Biosphère Mondiale. Les paysannes broient et écrasent les fruits de cet arbre qui ressemblent à des olives pour obtenir une huile dans laquelle on trempe du pain – spécialité locale. C'est également un produit à l'odeur agréable utilisé pour les soins de la peau et des cheveux.

Les déserts classiques de dunes de sable sont chose rare au Maroc, sauf dans le sud, en bordure de la frontière mauritanienne ou dans le Sahara Occidental. Le hamada est une vaste étendue constituée par de grandes surfaces arides de rochers couvertes de déserts de cailloux et d'éboulis.

Tanger. Ce nom évoque à lui seul les longues nuits de fête et de beuverie, le kif, haschich marocain, et une soif inextinguible de vivre. Tanger – une ville située à l'intersection de l'Occident chrétien et du Maghreb arabe. Les origines de Tanger s'apparentent à un mythe : on raconte en effet que l'Arche de Noé se serait échouée ici après le déluge. Aujourd'hui, la ville est la porte de l'Afrique, un lieu où drogues et mœurs dépravées font la loi. Tanger, cité pauvre et brutale, à l'architecture défigurée par des cubes en béton d'un blanc gris. À l'époque où le Maroc aspire à l'indépendance, Tanger accède au statut de «zone internationale» (de 1923 à 1956) ; administrée par sept nations européennes, les États-Unis d'Amérique et quelques députés marocains, elle fait alors carrière dans la criminalité, le trafic de drogue, la prostitution tout en étant un lieu de rendez-vous des espions. Peintres, musiciens et la jet set sont attirés par la réputation sulfureuse de Tanger : Eugène Delacroix et Henri Matisse peignent ici certaines de leurs œuvres, Mick Jagger, Truman Capote et Paul Bowles y habitent même à une certaine époque. Cité portuaire reliée à 120 villes à travers le monde, plaque tournante commerciale ; un port doté d'installations onéreuses, modernes, gigantesques, performantes pour permettre aux porte-conteneurs venant d'Asie de décharger leurs marchandises et de les transborder dans des navires plus petits desservant les ports méditerranéens. C'est ici aussi qu'on embarque le phosphate, matière première dont le Maroc possède la moitié des réserves mondiales.

Située plus loin au sud, Rabat est l'une des quatre villes impériales du Maroc, la seule en bordure de mer. Siège du sultan et du gouvernement depuis 1912. Une ville aux dimensions généreuses et calme de fonctionnaires avec d'étroites ruelles bordées de nombreux ateliers et boutiques dans la médina. À quelques mètres seulement commence le Boulevard Mohammed V orné de palmiers avec le parlement en marbre rouge bourgogne, lieu de promenade très prisé du gratin. Yacoub el-Mansour, calife des Berbères almohades, laisse derrière lui au 12ème siècle une mosquée inachevée qui était censée être suffisamment grande pour permettre à toutes ses troupes d'y prier ensemble. Le vestige le plus remarquable qu'il en reste est assurément la tour Hassan de couleur brun ocre, emblème de la ville. Il est interdit de survoler le palais royal afin que personne ne puisse connaître le luxe inouï qui, paraît-il, règne ici.

Meknès, la ville de Moulay Ismaïl, sultan alaouite qui, à la fin du 17ème siècle, l'élève au rang de ville royale car il se méfie de la population de Fès, capitale du pays jusqu'alors. Ce lieu berbère, encore insignifiant à l'époque, ne suffit pas au sultan qui est un roi cruel, avide de faste et parfaitement mégalomane. Contemporain de Louis XIV, il souhaite faire de la ville de Meknès un Versailles à la marocaine. Ville Impériale est le nom donné à son palais monumental avec des mosaïques en carreaux de céramique à la construction duquel plus de 30 000 esclaves ont travaillé. Le sultan possède 500 femmes, une armée de 150 000 hommes et 12 000 chevaux. Pour bâtir les édifices de ces quartiers impériaux, les ouvriers utilisent en guise de matériau de construction les pierres provenant de bâtiments démolis et des ruines de Volubilis.

Volubilis – le plus grand site archéologique romain du Maroc. Ville de garnison des Romains à l'origine, elle obtient en l'an 42 les droits romains d'une ville, reconnaissant ainsi l'aide que leur avaient apporté les Berbères dans leurs conquêtes. Aux 2ème et 3ème siècles, Volubilis devient une cité très prospère, notamment grâce aux exportations d'huile d'olive mais aussi de lions et de léopards destinés aux jeux du cirque à Rome.

À quelque distance de cette ville, le visiteur découvre Fès ou la «ville bleue», la plus royale, la plus importante et la plus ancienne de toutes les villes impériales. Elle est élevée à ce rang en l'an 809 par Idriss II, avec Fès el-Bali, la plus grande des médinas encore existantes au Maroc ainsi qu'avec l'éminente université de Kairaouine. Berceau de la sagesse, c'est l'une des plus anciennes universités au monde. Plus ancienne que l'Al-Azhar au Caire, que la Zeituna à Tunis. Inutile ici d'évoquer les universités de Paris, Bologne, Salamanque ou Oxford qui ont été fondées plusieurs siècles plus tard.

C'est à la Bab Boujeloud, la plus belle des huit portes donnant accès à la ville, que commence le labyrinthe de ruelles, chemins, coins et recoins. Ici, les souks succèdent aux souks. Dans le quartier des tanneurs de cuir, les hommes à moitié nus s'activent dans des bacs carrelés, les mollets couleur rouge sang, pour imprégner de couleurs flamboyantes les peaux qu'ils traitent. Des canaux sinueux sont prévus pour évacuer l'eau ainsi salie et amener de l'eau fraîche. Quelques pas seulement séparent les tanneurs et les teinturiers du souk des bouchers et des marchands de fruits et légumes. Les devantures des boutiques sont propres et très bien achalandées : cosses d'okra, aubergines, olives, courgettes, concombres, tomates et oignons, des produits tous d'une fraîcheur inégalée et empilés les uns sur les autres. Des épices et de la menthe, partout présente ici, sont liées en d'immenses bouquets et dégagent des parfums balsamiques. Sans oublier les fleurs, les écorces, les racines ...

Des murailles rouges en argile se détachent sur la paroi montagneuse aux reflets bleutés du Haut Atlas. Voilà Marrakech. La Ville Rouge. Point d'intersection où la solitude du désert et des montages se heurte à l'agitation d'une grande ville. La vie ici est tumultueuse, animée et intense. Au cœur de la ville, sur une étendue de cinq hectares, le visiteur découvre toutes les facettes du Maghreb : la Djemaa el Fna ou place des décapités. Il y a longtemps que ce genre de spectacle a été aboli et que les bateleurs, charmeurs de serpents, voyants, guérisseurs, conteurs et écrivains des rues l'ont remplacé. On est assailli ici par les odeurs fortes des cervelles de mouton grillées, de la purée de pois chiches, du thé à la menthe et des oranges fraîchement pressées. On peut même y acheter de la poudre contre l'infidélité – ou contre la transpiration des pieds. Une animation permanente règne sur la Djemaa el Fna, à longueur de journée et une grande partie de la nuit. Tous les bruits cessent pourtant dès que retentit à travers la ville l'appel du muezzin mais à peine a-t-il fini de crier que les crécelles des Gnawa, les chalémies des Aissaoua, les tambours et les violons des Berbères reprennent leur rythme endiablé. Une agression des sens permanente. Une ville toujours en ébullition.

Le ressac se brise à quelques mètres des murs marbrés de la mosquée Hassan II inaugurée en 1993 à Casablanca. Le phare de l'Islam. Deuxième mosquée musulmane après La Mecque. Une partie de la plateforme de neuf hectares s'étend vers la mer, 300 000 m$^3$ de béton et 40 000 tonnes d'acier sont censés la protéger du ressac et des tremblements de terre. Un immense toit coulissant en verre assure un contact direct avec le ciel. Depuis la pointe de son minaret à 200 m de haut, une flèche laser, visible paraît-il à 35 km à la ronde, indique nuit après nuit la direction de La Mecque. 35 000 artisans ont travaillé à sa construction pendant six ans. Les dépenses ont été réglées en grande partie par la population, à savoir que l'on a retiré aux fonctionnaires une partie de leur salaire mensuel et que l'on a sommé sans aucune équivoque les commerçants de donner une certaine somme d'argent.

Casablanca, la «maison blanche», un moloch. Elle accueille dans son agglomération jusqu'à trois quarts de l'industrie du pays. Il ne reste plus grand-chose aujourd'hui du climat colonial évoqué par le film «Casablanca». Même l'ambiance qui se dégage de ce film est surnaturelle puisqu'il a été entièrement filmé dans les studios d´Hollywood.

Que ce soit à Casablanca, la plus grande ville du Maroc, ou à Al-Hoceima dans la chaîne montagneuse du Rif, ou encore dans la vallée du Drâa, les problèmes sont les mêmes : aucune perspective d'avenir pour les jeunes diplômés, problèmes de logement et corruption, Le roi Mohammed VI, appelé par les jeunes «M 6» suscite de grandes attentes lorsqu'il monte sur le trône en 1999. Il souhaite servir l'État, c'est du moins ce qu'il proclame lors de son premier discours après son couronnement. Pourtant, le blason de ce roi réformateur et friand d'expériences nouvelles semble commencer à se ternir. Cette monarchie coûte en effet très cher et elle bloque la concurrence commerciale, la séparation des pouvoirs et les droits à la liberté des citoyens – pour de nombreux marocains, on ne peut pas parler d'un véritable changement des structures.

Lorsqu'on voit briller des milliers d'étoiles au firmament et qu'une douce brise mêle aux senteurs des fleurs d'oranger le parfum de l'ambre, lorsqu'on cueille dès le petit matin des boutons de fleurs dans la Vallée des Roses pour les vendre frais sur le marché, lorsqu'on trouve une place ombragée sous les dattiers et que le thé à la menthe exhale une odeur abgréable, le Maroc redevient alors un pays mythique et magique. Un pays de contrastes.

## Morocco

Iris Lemanczyk

A warm wind wafts through the palm fronds and chased lattice gates. In the souk of Fès the air is heavy with the scent of rosemary, thyme, lavender, cloves, figs, dates, almonds and orange blossoms. The Dadès river cuts its way through the slopes of the High Atlas, leaving behind it a narrow strip of fertile land. The peaks gradually disappear behind a lead-grey curtain of darkness. Men in flowing robes chat at the mint tea stands in Rabat. The call of the Muezzin echoes through the alleyways. In the Medina, the old town of Meknès, veiled women stroll past fountains decorated with brightly-coloured tiles, now dry of water. In the Sahara, a sandstorm rages over a nomad tent. Sun-seekers bask on the endless beaches, while a wedding party of Berber bump and jolt their way to the celebration on the back of a truck. And in the port of Tangier, container ships are unloaded. Morocco – magical, mystical, archaic, but also modern. A land of contrasts.

And geographically too. Almost 3,000 kilometres of coastline on the Atlantic and Mediterranean. With rocky bays, steep cliffs, fine sand beaches, with lagoons and coastal lakes. With Rabat, Casablanca and Tangier. Parallel to the Mediterranean coast lie the Rif Mountains with their evergreen deciduous forests, with the Atlas cedar, the Moroccan fir and the stone pine. With cork oak, and in the central part of the Rif, with extensive cannabis plantations.

The Middle and High Atlas run on from the Rif. A mighty chain of fold mountains. A climatic divide. The highest peak is the Jabal Toubkal at 13,665 ft. The High Atlas extends over 700 kilometres in a south-westerly direction as far as the Atlantic coast. To the north of Agadir the mountains end impressively at the 3,000 ft. high cliffs of Cape Rhir. The central and northern parts of the mountains are rugged, craggy and almost inaccessible, while the western part is interspersed with fertile highland plateaus. Geologically the Lesser Atlas form part of the African Plate, while the Atlas Mountains themselves form the southern boundary of the European Plate.

The Lesser Atlas is home to a speciality of nature: the Argania. Argania spinosa – a tree with true rarity value, which only flourishes in large numbers in Morocco. UNESCO has included the Argania region in its list of protected biospheres. By milling and pressing, the women obtain from the olive-like fruits an oil, in which bread is dunked as a speciality of the region. It also makes a pleasantly scented treatment for the skin and hair.

The classic desert with sand dunes is rather the exception in Morocco, although such a landscape can be found in the south along the Mauretanian border or in the western Sahara. The Hammada spreads out broadly: large, barren areas of rock interlaced with deserts of rock and scree.

Tangier. The air smells of nights of pleasure, of Kif, the Moroccan hashish and of lust for life. Tangier – at the meeting point of the Christian West and the Arab Maghreb. The origins of the city are lost in myth: Noah's Arc is supposed to have returned to land in Tangier after the Flood. Today this gateway to Africa is a place full of drugs and other excessive practices. Poor, rough Tangier, architecturally littered with grey-white concrete cubes. When Morocco was striving for independence, Tangier was administered as an "International Zone" (1923 to 1956) by seven European nations, the USA and a few Moroccan delegates – and made a name for itself in the drugs trade and in prostitution, and was also a centre of international espionage. Painters, musicians and the jet-set were all drawn by the aura of Tangier. Eugène Delacroix and Henri Matisse came here to paint, Mick Jagger, Truman Capote and Paul Bowles lived in Tangier. A port city with connections to 120 cities throughout the world. A major transhipment point. Expensive port facilities, modern, gigantic, powerful, so that the container ships arriving from Asia can discharge their cargoes and transfer them to smaller freighters for the Mediterranean routes. Phosphate is also taken on board, a raw material of which Morocco possesses half of all worldwide reserves.

Further to the south lies Rabat, one of the four royal cities of Morocco and the only one on the coast, which has been the seat of the Sultan and the government since 1912. A spaciously designed, unruffled city of civil servants. Narrow streets with many craftsmen's workshops and shops in the Medina. Only a few metres away lies the palm-fringed Boulevard Mohammed V with the parliament building of burgundy-red marble and the main shopping centre of the "haut monde". In the 12th century, the Almohaden ruler Yacoub el-Mansour left behind an unfinished mosque, which was to have been so large that all his troops could worship there at the same time. Another striking relic is the ochre-brown Hassan Tower, the landmark of the city. Aircraft are not allowed to fly over the King's Palace, so that nobody can gain any impression of the apparently unbelievable luxury which is supposed to prevail there.

Meknès, the city of Sultan Moulay Ismail. At the end of the 17th century, the Alawite ruler elevated the city to be the seat of the kings, because he did not trust the inhabitants of Fès, the previous capital. The previously unimportant Berber town was not enough for the Sultan. He was a brutal ruler, a megalomaniac eager to indulge in splendour. A contemporary of Louis XIV, he wanted to turn Meknès into the Versailles of Morocco. Ville Impériale was the name of his monument palace complex, adorned with mosaics of ceramic tiles. Over 30,000 slaves were employed in its construction. His chattels included 500 concubines, an army of 150,000 men and 12,000 horses. The building materials came from torn-down buildings and the ruins of Volubilis.

Volubilis – the largest Roman excavation in Morocco. It was initially a garrison town of the Romans, but was proclaimed a Roman city in the year 42, because the Berbers had helped the Romans in their conquests. Volubilis experienced its heyday in the 2nd and 3rd centuries, mainly due to the export of olive oil, and lions and leopards for the circus spectacles in Rome.

Not far away lies Fès, the "blue city", the most royal, highest-ranking and oldest of the royal cities. Chosen as the capital in 809 by Idriss II, with Fès el-Bali, the largest still-preserved Medina in Morocco, and the highly respected Kairaouine University. A seat of wisdom, one of the oldest teaching institutions in the world. Older than Al-Azhar in Cairo, older than the Zeituna in Tunis. Not to speak of the centuries-younger universities in Paris and Bologna, Salamanca or Oxford.

The labyrinth of alleyways, streets and secluded corners begins at the Bab Boujeloud, the most beautiful of the eight gates into the city. Souk after souk. In the quarter of the leather-tanners, the men stand half-naked and with blood-red calves in tiled basins, treading the hides and soaking them in brilliant dyes. Winding channels carry away the waste mixture and bring in fresh water. Not far from the tanners and dyers is the souk of the butchers and grocers. The shop fronts are clean and luxuriously draped: okra, aubergines, olives, zucchinis, cucumbers, tomatoes and onions are stacked in unbeatable freshness. Herbs and the ever-present mint, bundled in huge piles, radiate balsamic scents, mingling with the aromas of blossoms, barks and roots.

Clay-red walls picked out against the shimmering blue mountain walls of the High Atlas. This is Marrakesh. The Red City. The point where the loneliness of the desert and the mountains gives way to the hustle and bustle of the city. Life here is garish, bright, intense. In the midst of it all lies the 12-acre stage of the Maghreb: the Djemaa el Fna. The Square of the Beheaded. There have long since been no more cut-off heads to be seen here, and the square is now populated by jugglers, snake-charmers, fortune-tellers, faith-healers, story-tellers and writers. The aroma of roast sheep's brain, humus, mint-tea and freshly-squeezed oranges. On request, a powder can be mixed to prevent infidelity – or sweaty feet. The Djemaa el Fna seethes with life and noise all day long and half the night. It falls into silence only at the call of the Muezzin. As soon as the call has echoed away, the place resounds once more to the rattling of the Gnawa, the shawms of the Aissaoua, the drums and fiddles of the Berber. A simultaneous assault on all the senses. The beating pulse of the city.

The surf breaks only a few metres before the marble walls of the Hassan II mosque in Casablanca, which was inaugurated in 1993. The lighthouse of Islam. After Mecca the second-largest mosque of the Muslim world. Part of the 22-acre platform projects into the sea, 300,000 $m^3$ of concrete and 40,000 tonnes of steel have been installed to protect the mosque against the waves and earthquakes. An enormous sliding glass roof allows direct contact with the sky. From the peak of its 200 m high minaret, a laser beam shines out, which can supposedly be seen from a distance of 35 km, night after night in the direction of Mecca. 35,000 craftsmen and workers were employed for six years on its construction. Most of the cost is said to have been covered by public donations: deductions were made from the monthly salaries of civil servants, businessmen were given unmistakable instructions to provide specific sums.

Casablanca, the "White House", a Moloch. Three-quarters of the country's industry is based here in the greater Casablanca area. Little remains of the colonial atmosphere conjured up by the film "Casablanca". The film itself created the atmosphere artificially, since it was shot completely in the studios of Hollywood.

Whether in Casablanca, the largest city in Morocco, or in Al-Hoceima in the Rif, or in the Draa valley, the problems are the same: lack of career opportunities for well-educated young people, shortage of housing and corruption. King Mohammed VI, referred to by the young people as "M 6", aroused high expectations when he acceded to the throne in 1999. He intended to be a servant of the state, as M 6 proclaimed in his first royal address. But the gloss seems to be fading from this reform king and his willingness for experimentation. An expensive monarchy, which blocks economic competition, the sharing of power and civil rights – for many Moroccans this represents no definitive structural change.

When a thousand stars twinkle in the heavens, and a mild breeze mingles the perfume of amber with the scent of orange blossoms, when the buds are picked in the early morning in the Valley of the Roses, to be sold dew-fresh in the market, when a shady spot is found beneath the date-palms and the aroma of mint-tea hangs in the air, Morocco is once again mythical and magical. It remains a land of contrasts.

**1. Palmerie | Marrakesch**

An den Verkehrsadern nach Casablanca und Fès gelegen, lässt die Palmerie Marrakeschs einstige Rolle als Oase erahnen. Heute prägen Hotels und Villen mit prächtigen Gärten das Erscheinungsbild.

**Palmeraie | Marrakech**

Située en bordure des routes menant à Casablanca et Fès, la palmeraie de Marrakech laisse aisément deviner qu'elle a été autrefois une importante oasis. Aujourd'hui, on y trouve principalement des hôtels et des villas au cœur de somptueux jardins.

**Palmery | Marrakesh**

Lying along the arterial roads to Casablanca and Fès, the Palmery of Marrakesh reveals its former role as an oasis. Today its appearance is characterised by hotels and villas with splendid gardens.

**2. Jemaa el Fna | Marrakesch**

Der Platz der Gaukler, der zentrale Marktplatz von Marrakesch, bietet sowohl am Tag mit Schlangenbeschwörern, Saftverkäufern und Händlern als auch am Abend mit Ständen, an denen Ziegenköpfe, Tajines, Schnecken und Harira-Suppe serviert werden, ein großes Spektakel.

**Djemaa el Fna | Marrakech**

La place des bateleurs, principale place du marché de Marrakech, offre un immense spectacle constant de jour avec ses charmeurs de serpents, ses vendeurs de jus de fruits et ses marchands, comme de nuit avec ses échoppes où l'on peut acheter têtes de chèvre, tajines, escargots et soupe harira.

**Jemaa el Fna | Marrakesh**

The square of street entertainers, the central marketplace of Marrakesh, offers a great spectacle both during the daytime, with snake charmer's, juice sellers and dealers, and in the evening with stands serving goats' heads, tajines, snails and Harira soup.

TELEBOUTIQUE

### 3. Medina von Marrakesch

In der von ockerfarbenen Lehmmauern umgebenen Medina verbergen sich nicht nur historische Sehenswürdigkeiten und Märkte, sondern auch zahlreiche Riads, die in den labyrinthischen Gassen manchmal schwer zu finden sind.

### Médina de Marrakech

La médina entourée de remparts d'argile ocre dissimule non seulement des sites historiques et des marchés mais également de nombreux riads parfois difficiles à trouver dans ce labyrinthe de ruelles.

### Medina of Marrakesh

Surrounded by its ochre-coloured clay walls, Medina conceals not only historic sites and markets, but also numerous riads, traditional Arab houses with courtyards, which are sometimes difficult to find amongst the labyrinthine alleyways.

**4. Majorelle-Garten | Marrakesch**

Die Gärten des Malers Jacques Majorelle, erstellt in den 1920er Jahren und vom französischen Modeschöpfer Yves St. Laurent restauriert, sind ein Paradies besonderer Art mit Seerosenteichen, Kakteen und Bougainvilleen. Das Kobaltblau der Brücken und Bauten nennt man auch „Majorelle-Blau".

**Jardin Majorelle | Marrakech**

Les jardins de l'artiste peintre Jacques Majorelle, aménagés dans les années 20 du siècle dernier et remis en état par le créateur de mode Yves Saint-Laurent, sont un véritable paradis d'un genre très spécial avec leurs étangs de nénuphars, leurs cactus et leurs bougainvillées. Le bleu cobalt utilisé pour peindre les ponts et les bâtiments de cette propriété est également appelé «bleu majorelle».

**The Majorelle Gardens | Marrakesh**

The gardens of the painter Jacques Majorelle, laid out in the 1920's and restored by the French fashion designer Yves St. Laurent, are a paradise of a very special sort, with lily pools, cacti and Bougainvillea. The cobalt blue of the bridges and buildings is also known as "Majorelle blue".

### 5. Souk von Marrakesch

Neben den Abendstunden ist der späte Vormittag die interessanteste Zeit in den Souks, wenn die Einkäufe für das Mittagessen getätigt werden. Zeit spielt hierbei auch heute noch kaum eine Rolle.

### Souk de Marrakech

Les souks se révèlent un endroit très intéressant non seulement le soir mais aussi en fin de matinée, heure à laquelle la population s'y rend pour faire ses courses pour le déjeuner. Aujourd'hui encore, le temps ne joue pratiquement aucun rôle ici.

### The Souk of Marrakesh

Besides the evening hours, the late morning is the most interesting time in the souks, when people do their shopping for lunch. Even today, time appears to have almost no importance here.

Dhanvanti

### 6. Zwischen Marrakesch und Essaouira

Sanfte Hügel und landwirtschaftliche Nutzflächen prägen diesen Landstrich. Die klimatischen Bedingungen bieten sich an für Oliven- und Orangenpflanzungen.

### Entre Marrakech et Essaouira

Une région dans laquelle les douces collines et les champs cultivés dominent le paysage. Les conditions climatiques sont ici idéales pour la culture des olives et des oranges.

### Between Marrakesh and Essaouira

This strip of land is characterised by gentle hills and patches of agricultural usage. The climatic conditions are ideal for olive and orange plantations.

## 7. Essaouira

Unterhalb einer mediterranen Hügellandschaft gelegen ist das frühere Mogador die Hauptattraktion des gesamten Küstenstrichs. Mit seiner exponierten Lage, seinen roten Stadtmauern, der portugiesischen Festung sowie den weißen Häusern mit blauen Türen und Fenstern ist es zudem einer der schönsten Orte Marokkos.

## Essaouira

Située en contrebas d'un paysage vallonné méditerranéen, l'ancienne Mogador est la principale attraction touristique sur l'ensemble du littoral. Sa situation géographique exposée, ses murs d'enceinte rouges qui l'entourent, sa forteresse portugaise et ses maisons blanches aux portes et aux fenêtres bleues en font l'un des plus beaux sites de tout le Maroc.

## Essaouira

Nestling at the foot of a Mediterranean hill landscape, the former Mogador is the main attraction along this strip of the coast. With its exposed location, its red city walls, the Portuguese fortress and its white houses with blue doors and windows, it is also one of the most beautiful spots in Morocco.

**8. Medina von Essaouira**

Die rechtwinklige und daher sehr übersichtliche Medina von Essaouira mit ihrem nahezu südeuropäischen Charakter ist noch vollständig erhalten und UNESCO-Weltkulturerbe.

**Médina d'Essaouira**

Construite avec des rues rectilignes à angle droit et donc très aérée, la médina d'Essaouira dans laquelle règne une atmosphère comparable à celle du sud de l'Europe, a été préservée en intégralité et figure d'ailleurs aujourd'hui sur la liste du patrimoine culturel de l'UNESCO.

**Medina of Essaouira**

The rectangular and therefore very clear design of the Medina of Essaouira, with its almost southern European character, is still completely preserved and now a UNESCO world cultural heritage site.

### 9. Hafen von Essaouira

Obwohl der einst größte Hafen des Landes im späten 19. Jahrhundert seine Bedeutung zunehmend verlor, ist viel von seinem ursprünglichen Charakter bewahrt worden.

### Port d'Essaouira

Même si le port, autrefois l'un des plus importants du pays, a décliné vers la fin du $19^{\text{ème}}$ siècle, il a su conserver une grande partie de son charme d'antan.

### Harbour of Essaouira

Although the once largest harbour of the country increasingly declined in importance from the late $19^{\text{th}}$ century, much of its original character has been preserved.

RESTAURANT D
LE COQUILLAGE

### 10. Atlantikküste nördlich von Agadir

Die Küstenstrasse zwischen Essaouira und Agadir entlang des Atlantiks und meist in dessen Sichtweite, bietet reizvolle Ausblicke auf Sandstrände und Felsenküsten.

### Côte atlantique au nord d'Agadir

La route côtière qui s'étire entre Essaouira et Agadir le long de l'Atlantique – et qui ne le quitte généralement pas de vue – offre des vues superbes sur les plages de sable et le littoral rocheux.

### The Atlantic coast north of Agadir

The coast road between Essaouira and Agadir skirting the Atlantic and usually in its view offers attractive vistas of sand beaches and rocky coasts.

**11. Kasbah Kerdouz | Tiznit**

Östlich von Tiznit erstreckt sich eine karge Berglandschaft. Hier tauchen in 1100 m Höhe die ockerfarbenen Mauern der Kasbah Kerdouz auf.

**Kasbah Kerdouz | Tiznit**

Un paysage montagneux et aride s'étend à l'est de Tiznit. C'est ici, à 1100 m d'altitude, que se dressent les murailles ocres de la Kasbah Kerdouz.

**Kerdouz Kasbah | Tiznit**

To the east of Tiznit extends a barren mountain landscape, where the ochre-coloured walls of the Kerdouz Kasbah rise at an altitude of over 3,600 ft.

**12. Tafraoute**

Die Landschaft um Tafraoute ist einzigartig. Umrahmt von bizarren Granitfelsen, Palmenhainen, Mandel- und Olivenbäumen liegt die Kleinstadt mit seinen erdfarbenen Häusern im Talkessel.

**Tafraoute**

Le paysage autour de la cité de Tafraoute est sans pareil. Entourée de rochers granitiques bizarroïdes, de palmeraies, d'amandiers et d'oliviers, cette petite ville aux rues bordées de maisons terreuses se niche au cœur d'une vallée encaissée.

**Tafraoute**

The landscape around Tafraoute is unique. Framed by bizarre granite rock formations, palm groves, almond and olive trees, the small town with its earth-coloured houses lies in a valley basin.

### 13. Tal der Ammeln

Der Berberstamm der Ammeln hat sich seine malerischen Dörfer in dieses grandiose Granitfelsen-Tal an der Südflanke des Djebel Lekst gebaut. Im Tal stehen Tausende von Dattelpalmen, an den schroffen Felswänden einzelne Ksour und Kasbahs.

### Vallée des Ammeln

La tribu berbère des Ammeln a construit de pittoresques villages dans cette grandiose vallée de rochers granitiques sur le versant sud du Djebel Lekst. Des milliers de dattiers couvrent la vallée tandis que quelques ksours et kasbahs s'accrochent sur les falaises escarpées.

### Valley of the Ammeln

The Berber tribe of the Ammeln has built its picturesque villages here in this grandiose granite rock valley on the southern flank of the Djebel Lekst. Thousands of date palms grow in the valley, overlooked by isolated ksours (fortified adobe villages) and kasbahs clinging to the rough rock walls.

### 14. Ait Ben Haddou

Die engen Gassen ziehen sich den Hügel hinauf. Gleich sechs Kasbahs sind hier zu einer für den Süden Marokkos typischen Wohnburg verschmolzen. Das Dorf wurde 1987 in die Liste des UNESCO-Weltkulturerbes aufgenommen.

### Ait Ben Haddou

Une colline sur laquelle se hissent d'étroites ruelles. Ce ksar regroupe six kasbahs qui forment ici une forteresse typique de la région sud du Maroc. Le village figure depuis 1987 sur la liste du patrimoine culturel de l'UNESCO.

### Ait Ben Haddou

The narrow alleyways wind their way up the hill. Six kasbahs have merged here to form a fortified settlement typical of southern Morocco. The village was included in the list of UNESCO world cultural heritage sites in 1987.

### 15. Kasbah Ellouze

Unweit von Ait Ben Haddou liegt neben der historischen Kasbah Tamdagt die Kasbah Ellouze, ein wunderbarer Ort mit Panoramablick über die umliegenden Gärten mit Mandel- und Olivenbäumen.

### Kasbah Ellouze

Non loin d'Ait Ben Haddou, à côté de l'ancienne Kasbah Tamdagt, se trouve la Kasbah Ellouze, un site magnifique ainsi qu'un point de vue panoramique sur les jardins environnants plantés d'amandiers et d'oliviers.

### Ellouze Kasbah

Not far from Ait Ben Haddou, next to the historic Tamdagt Kasbah, lies the Ellouze Kasbah, a wonderful spot with a panoramic view over the surrounding gardens with their almond and olive trees.

## 16. Draa-Tal

Nur im unmittelbaren Uferbereich findet sich Bewuchs. Dattelpalmenhaine, Oliven-, Granatapfel- und Feigenbäume aber auch Feldfrüchte wie Kartoffeln, Zwiebeln, Bohnen und Karotten werden hier angebaut.

## Vallée du Drâa

La végétation ne pousse que sur la berge : des palmeraies de dattiers, des oliviers, des grenadiers et des figuiers, mais aussi des légumes comme par exemple pommes de terre, oignons, haricots et carottes sont ici cultivés.

## Draa Valley

Vegetation can only grow in the immediate area of the banks. Date palm groves, olive, pomegranate and fig trees, but also arable crops such as potatoes, onions, beans and carrots are cultivated here.

### 17. Dünen von Tinfou

Südlich von Zagora gelangt man zu den Dünen von Tinfou: schnell wachsende Winddünen inmitten einer Steinwüste.

### Dunes de Tinfou

On accède aux dunes de Tinfou en passant par le sud depuis Zagora : des monticules de sable qui grandissent rapidement au grès du vent au cœur d'un désert de pierre.

### Dunes of Tinfou

South of Zagora one arrives at the dunes of Tinfou: rapidly growing wind dunes in the middle of a stony desert.

18. Kasbah Amerdil

Mit einem Abstecher von der „Strasse der Kasbahs“ gelangt man zur Kasbah Amerdil, die authentisch renoviert wurde und sich inmitten von Feldern und Gärten befindet.

Kasbah Amerdil

Il suffit de quitter momentanément la «route des kasbahs» pour rejoindre au beau milieu de champs et de jardins la Kasbah Amerdil, qui a été restaurée avec un véritable souci d'authenticité.

Amerdil Kasbah

A detour from the "Route of the Kasbahs" takes the visitors to the Amerdil Kasbah, which has been authentically renovated and is now located amongst fields and gardens.

19. Kasbah Itran

Wie von einem Balkon schaut man auf die Alte Kasbah Itran hinunter, dahinter geht der Blick weit bis zu den hohen Bergen des Atlas.

Kasbah Itran

On a l'impression d'admirer l'ancienne Kasbah Itran depuis un balcon. Au-delà, le regard porte loin jusqu'aux sommets élevés des montagnes de l'Atlas.

Itran Kasbah

As if from a balcony, one looks down on to the old Itran Kasbah, while beyond, the view extends to the high mountains of the Atlas.

## 20. Todra-Schlucht

Der gleichnamige Fluss hat sich im Laufe von Jahrmillionen einen Weg durch die Felsen des Hohen Atlas gebahnt. Die eigentliche Schlucht ist etwa 400 Meter lang, mit steil aufragenden, bis zu 300 Meter hohen Felswänden.

## Gorges de Todra

Il a fallu des millions d'années au fleuve du même nom pour parvenir à se frayer un passage entre les rochers du Haut Atlas. Les gorges proprement dites bordées de falaises pouvant atteindre 300 m de haut s'étendent sur environ 400 m.

## Todra Gorge

Over the course of millions of years, the river of the same name has cut its way through the rocks of the High Atlas. The actual gorge is about 400 m long, with steep rock walls towering up to 300 m in height.

**21. Gewitterstimmung bei Midelt**

Zwischen den Ausläufern des Mittleren und Hohen Atlas gelegen, lädt die Gegend um Midelt zu abwechslungsreichen Wanderungen und Bergtouren ein.

**Ambiance orageuse près de Midelt**

Située entre les contreforts du Moyen Atlas et du Haut Atlas, la région autour de Midelt réserve aux visiteurs une grande diversité de promenades et de randonnées en montagne.

**Stormy weather at Midelt**

Located between the foothills of the Middle and High Atlas, the region around Midelt invites the visitor to a varied range of walks and mountain treks.

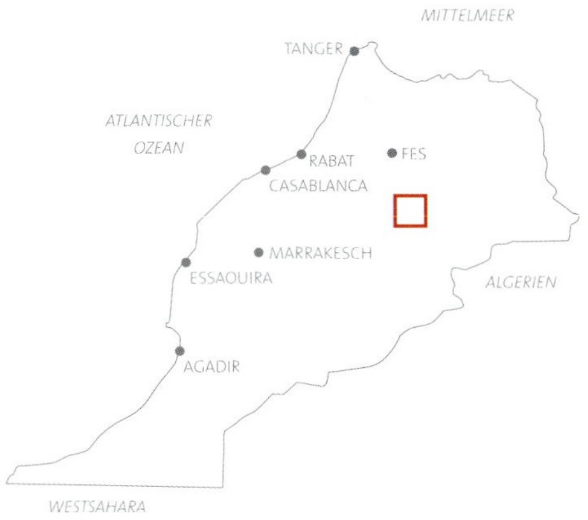

**22. Fès**

Auf den Hügeln des Oued-Fès-Tales erstreckt sich die „heimliche Hauptstadt“ Marokkos. Fès ist die älteste der vier marokkanischen Königsstädte und besitzt die größte Medina, deren ursprünglicher Charakter fast unverändert erhalten geblieben ist.

**Fès**

La «capitale secrète» du Maroc s'étend sur les collines de la vallée de l'oued Fès. Fès est non seulement la plus ancienne des quatre villes impériales du Maroc mais elle possède aussi la plus grande médina qui, par ailleurs, a su préserver presqu'en intégralité son caractère original.

**Fès**

On the hills of the Oued-Fès valley lies the "secret capital" of Morocco. Fès is the oldest of the four Moroccan royal cities, and has the largest Medina, whose original character has been preserved almost completely unchanged.

**23. Bab Boujeloud | Fès**

Der Hauptzugang zur Medina ist das mit Fayencen reich geschmückte Tor Bab Boujeloud. Nach außen ist es mit blauen, zur Altstadt mit grünen Mosaiken verziert.

**Bab Boujeloud | Fès**

L'entrée principale de la médina est la porte Bab Boujeloud, chef-d'œuvre magnifiquement orné de faïences. Côté extérieur, les mosaïques sont bleues, côté ville, elles sont vertes.

**Bab Boujeloud | Fès**

The main entrance to the Medina is the Bab Boujeloud Gate, which is richly adorned with faience. To the outside it is decorated with blue mosaics, with green mosaics facing towards the old town.

**24. Gerber von Fès**

Im Gerberviertel kann man sich dem strengen Geruch kaum entziehen. In gemauerten Becken werden die Tierhäute immer wieder mit den Füßen gewalkt.

**Tanneurs de Fès**

Impossible d'échapper aux odeurs puissantes qui règnent. dans le quartier des tanneurs. Dans des bacs en briques de terre séchées, les ouvriers foulent à pieds nus les peaux d'animaux.

**Tanners of Fès**

In the tanners' quarter, it is almost impossible to escape the strong smell. The animal skins are repeatedly trodden by foot in masonry basins.

### 25. Traditionelles Riad in Fès

Um einen nach oben offenen Lichthof, mit kühlen Fliesen ausgelegt und einem Brunnenbecken in der Mitte, gruppieren sich Wohn- und Empfangsräume. Den Abschluss bildet fast immer eine Dachterrasse.

### Riad traditionnel à Fès

Pièces d'habitation et salles de réception s'organisent autour d'un patio à ciel ouvert couvert de carrelages frais avec, au centre, une fontaine et un bassin. Cette construction est généralement dotée d'un toit en terrasse.

### Traditional riad in Fès

The living rooms and reception rooms are grouped around a courtyard open to the sky, laid out with cool tiles and a fountain in the centre. The top is almost always formed by a roof terrace.

### 26. Stausee zwischen Fès und Volubilis

Wer in Marokko unterwegs ist, wird immer wieder an großen Stauseen vorbeikommen. Sie werden sowohl zur Bewässerung als auch zur Stromerzeugung genutzt.

### Lac de retenue entre Fès et Volubilis

Les visiteurs qui voyagent à travers le Maroc rencontrent régulièrement de grands lacs de retenue utilisés aussi bien pour irriguer les champs que pour produire de l'électricité.

### Reservoir between Fès and Volubilis

Anyone travelling in Morocco will repeatedly come across large reservoirs. They are used both for irrigation and for electricity generation.

## 27. Volubilis

Die bedeutendste römische Ruinenstätte Marokkos präsentiert sich wie ein großes Freilichtmuseum. Besonders sehenswert sind die zahlreichen, im Original erhaltenen Fußbodenmosaike der ehemaligen Villen.

## Volubilis

Les touristes, lorsqu'ils arrivent au principal site archéologique romain de tout le Maroc, découvrent aujourd'hui un grand musée de plein air. Les vestiges les plus spectaculaires sont les très nombreuses mosaïques ornant le sol des riches demeures anciennes.

## Volubilis

The most important Roman ruin site of Morocco looks like a huge open-air museum. The numerous preserved original floor mosaics of the former villas are particularly worth seeing.

## 28. Grabmal des Moulay Ismail | Meknès

Das Grabmal des Moulay Ismail ist eine der bedeutendsten Sehenswürdigkeiten von Meknès. Nicht-Muslime dürfen nur die Innenhöfe der Grabanlage betreten.

## Mausolée de Moulay Ismaïl | Meknès

Le tombeau de Moulay Ismail est l'une des principales attractions de Meknès. Seules les cours intérieures de la sépulture peuvent être visitées par les personnes qui ne sont pas de religion musulmane.

## Tomb of Moulay Ismail | Meknès

The tomb of Moulay Ismail is one of the most important sites of Meknès. Non-Muslims may only enter the inner courtyards of the tomb complex.

### 29. Königliche Stallungen des Moulay Ismail | Meknès

Die gewaltigen Ruinen des Marstall zeugen von der Gigantomanie Moulay Ismails. Über 12 000 Pferde sollen hier untergebracht gewesen sein, jedes mit einem eigenen Pferdeknecht.

### Écuries royales de Moulay Ismaïl | Meknès

Les ruines imposantes des écuries témoignent de la mégalomanie de Moulay Ismaïl. Il y aurait logé plus de 12 000 chevaux, chacun accompagné de son propre palefrenier.

### Royal stables of Moulay Ismail | Meknès

The imposing ruins of the stables testify to the gigantomania of Moulay Ismail. Over 12,000 horses are supposed to have been stabled here, each one with its own groom.

### 30. Tizi n'Tichka

Durch die Westausläufer des Hohen Atlas führt der Weg nach Ouarzazate über den Tizi n'Tichka. Von der Passhöhe in 2260 Metern blickt man auf die grandiose Landschaft.

### Tizi n'Tichka

Le chemin menant à Ouarzazate traverse les contreforts occidentaux du Haut Atlas en passant par le Tizi n'Tichka. La vue sur le paysage alentour depuis ce col culminant à 2260 m d'altitude est tout simplement grandiose.

### Tizi n'Tichka

Through the western foothills of the High Atlas, the road to Ouarzazate leads over the Tizi n'Tichka. The pass height of 7,400 ft. offers spectacular views of the surrounding landscape.

### 31. Südlich vom Tizi n'Tichka

Die Landschaft südlich des Tizi n'Tichka ist geprägt durch eine beeindruckende Vielfalt der Farben. Berghänge in Ocker, Braun und Violett gehen über in die verschiedenen Grüntöne der Oasen.

### Au sud du Tizi n'Tichka

Le paysage au sud du Tizi n'Tichka étonne par l'impressionnante diversité des couleurs qu'il arbore. Les montagnes aux versants dans des teintes ocre, brun et violet alternent avec les oasis et l'éventail de leurs tons verts.

### South of the Tizi n'Tichka

The landscape to the south of the Tizi n'Tichka is characterised by an impressive variety of colours. Mountain slopes in ochre, brown and violet give way to the varied green tones of the oases.

32. Kasbah Taourirt | Ouarzazate

Die Kasbah Taourirt beherbergt neben einer Mellah (jüdisches Viertel) auch den Glaoui-Palast und ist heute weitgehend unbewohnt.

Kasbah Taourirt | Ouarzazate

La Kasbah Taourirt abrite outre un Mellah (quartier juif) également le palais Glaoui. Elle est aujourd'hui quasiment inhabitée.

Taourirt Kasbah | Ouarzazate

In addition to a Mellah (Jewish quarter), the Taourirt Kasbah also accommodates the Glaoui Palace, and is today largely uninhabited.

### 33. Henna-Felder

Marokko ist ein Hauptanbaugebiet der Hennapflanze. Die Blätter werden nach dem Trocknen zu Pulver zermalen. Als Paste gebrauchen es die Frauen auch heute noch zu festlichen Ritualen für Verzierungen an Händen und Füßen.

### Champs de henné

Le Maroc est le principal producteur de plantes de henné. Les feuilles, une fois séchées, sont broyées pour obtenir une poudre. Les femmes l'utilisent encore aujourd'hui sous forme de pâte à l'occasion de rituels festifs pour décorer leurs mains et leurs pieds.

### Henna fields

Morocco is one of the main cultivation areas of the Henna plant. After drying, the leaves are ground into powder. The women still use it today as a paste at festive rituals for decoration of the hands and feet.

### 34. Dünen von Merzouga

Die Dünen von Merzouga sind die größten und höchsten Sanddünen Marokkos. Gegen Abend sind sie in ein spektakuläres Licht getaucht und es herrscht absolute Ruhe.

### Dunes de Merzouga

Les dunes de Merzouga sont les plus grandes et les plus hautes dunes de sable de tout le Maroc. Dès que le soir commence à tomber, elles sont baignées dans une lumière spectaculaire et un silence que rien ne vient troubler s'installe.

### Dunes of Merzouga

The dunes of Merzouga are the largest and highest sand dunes in Morocco. Towards evening they are bathed in a spectacular light, and total silence reigns.

### 35. Rif-Gebirge

Parallel zum Mittelmeer verlaufend bildet das Rif-Gebirge eine Scheidelinie zwischen dem feuchten mediterranen und dem trockenen Sahara-Klima. Es gilt als das Kernland der Berber.

### Chaîne montagneuse du Rif

Les montagnes du Rif s'étirent parallèlement à la Mer Méditerranée et forment une ligne de séparation entre le climat méditerranéen humide et le climat saharien sec. Cette région est considérée comme la patrie des Berbères.

### Rif Mountains

Running parallel to the Mediterranean, the Rif Mountains form the dividing line between the humid Mediterranean and the dry climate of the Sahara. This is considered to be the heartland of the Berbers.

### 36. Chefchaouen

Zwischen dem Djebel Kalaa und Djebel Meggou zieht sich Chefchaouen malerisch an den Hängen des Rif-Gebirges empor. Die ehemals umgebende Mauer ist nur noch teilweise erhalten.

### Chefchaouen

Entre le Djebel Kalaa et le Djebel Meggou, la ville de Chefchaouen s'accroche pittoresquement sur les versants des montagnes du Rif. Le mur d'enceinte n'est aujourd'hui visible qu'en certains endroits seulement.

### Chefchaouen

Between the Djebel Kalaa and Djebel Meggou, Chefchaouen rises picturesquely on the slopes of the Rif Mountains. The former surrounding wall has only been partially preserved.

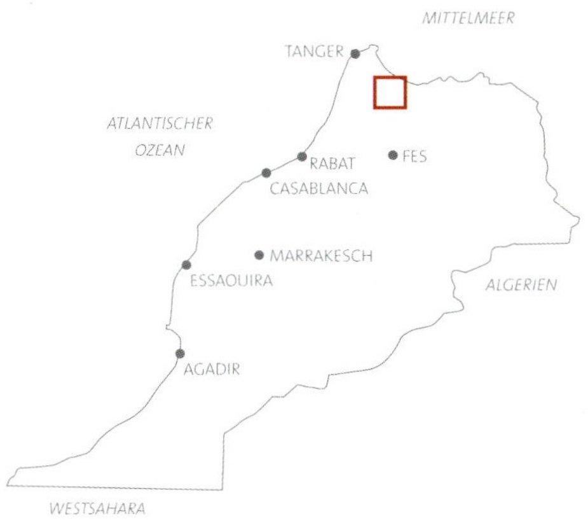

## 37. Chefchaouen

Chefchaouen wurde im 15. Jahrhundert gegründet, die vorherrschenden Farben Weiß und Blau brachten muslimische Flüchtlinge aus ihrer Heimat Andalusien mit. Bis ins 20. Jahrhundert hinein war die Stadt für Europäer verboten.

## Chefchaouen

Chefchaouen a été fondée au 15ème siècle. Les couleurs dominantes, le blanc et le bleu, sont apportés par les réfugiés musulmans chassés de leur patrie, l'Andalousie. La ville est restée interdite aux Européens jusqu'au 20ème siècle.

## Chefchaouen

Chefchaouen was founded in the 15th century, and the predominant colours of white and blue were brought with them by Muslim refugees from their home in Andalusia. The town was forbidden to Europeans until into the 20th century.

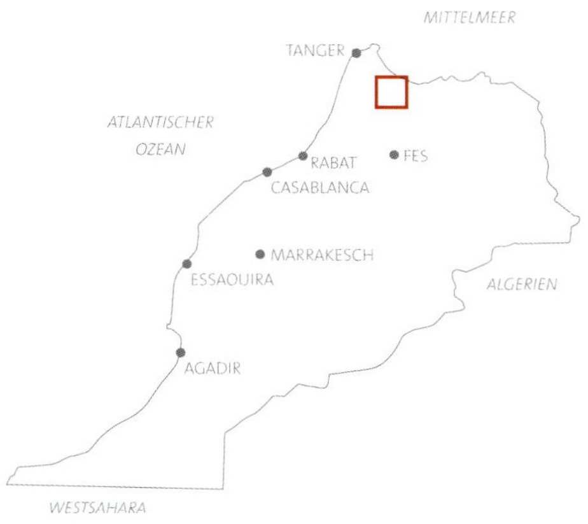

HAMAM
H
LA CASTELLANA

**38. Tetouan**

Einst war Tetouan Hauptstadt der spanischen Zone. Fassaden mit imposanten Balkonen und hohen Fenstern erinnern an Andalusien, befinden sich doch bei marokkanischen Häusern die dekorativen Elemente im Innern des Hauses.

**Tétouan**

Tétouan a été la capitale des régions placées sous protectorat espagnol. Les façades dotées d'imposants balcons et de hautes fenêtres rappellent l'Andalousie, alors que les éléments décoratifs se trouvent à l'intérieur dans les maisons marocaines.

**Tetouan**

Tetouan was once the capital of the Spanish zone. Facades with imposing balconies and high windows recall the architecture of Andalusia, although in Moroccan houses, these decorative elements are placed inside the house.

### 39. Souk von Tetouan

Tetouan war schon immer ein betriebsamer Handelsort. Hier drängen sich die Souks klar von einander abgetrennt. Auf dem El Fouki Markt wird Gemüse verkauft, im El Houts Souk gibt es Teppiche und im Souk Gherza el Kebira kann man Kleidung kaufen.

### Souk de Tétouan

Tétouan a toujours été un lieu de commerce très affairé. Ici, les souks sont nombreux mais ils ne se mélangent pas : le marché d'El Fouki vend des légumes, le souk d'El Houts est spécialisé dans les tapis tandis que l'on peut acheter des vêtements dans celui de Gherza et Kebira.

### Souk of Tetouan

Tetouan has always been a busy trading place. Here the souks are clearly separated from each other. Vegetables are sold at the El Fouki market, while the El Houts souk sells carpets, and clothing can be bought in the Gherza el Kebira souk.

## 40. Tanger

Einst Tummelplatz namhafter Schriftsteller und einer Schar exzentrischer Ausländer, ist Tanger heute nicht nur einer der bedeutendsten Hafen- und Handelsplätze Marokkos, sondern auch ein Ziel ersten Ranges der heutigen Touristen.

## Tanger

Autrefois rendez-vous de prédilection des écrivains de renom et d'une foule d'étrangers excentriques, Tanger est aujourd'hui non seulement l'un des principaux sites portuaires et commerciaux du pays mais également une destination choisie par de nombreux touristes.

## Tangier

Once the playground of well-known authors and swarms of eccentric foreigners, Tangier is today not only one of the most important port and trading centres in Morocco, but also the favourite destination of today's tourists.

Coca-Cola

## 41. Asilah

In den kleinen Gassen der direkt am Meer gelegenen Medina glaubt man eher in einem andalusischen oder portugiesischen Dorf voller Atmosphäre zu sein. Anfang des 20. Jahrhunderts residierte hier der legendäre Rebell und Freiheitskämpfer El Raisouli.

## Asilah

Dans les petites ruelles de la médina en bordure de mer, l'atmosphère est plutôt celle d'un village andalou ou portugais. C'est ici que réside au début du 20$^{ème}$ siècle le légendaire rebelle et combattant de la liberté El Raisouli.

## Asilah

In the narrow streets of the Medina located directly on the seashore, one could believe oneself to be in an Andalusian or Portuguese village full of atmosphere. At the beginning of the 20$^{th}$ century, the legendary rebel and freedom-fighter El Raisouli lived here.

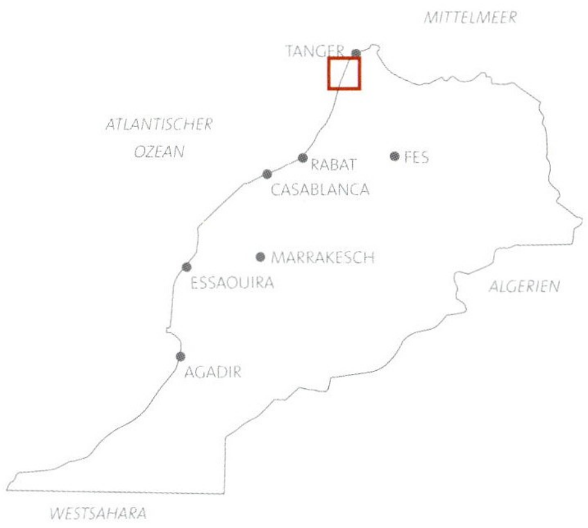

**42. Hassan II.-Turm | Rabat**

Das weithin sichtbare Zeichen der unvollendeten großen Moschee ist das Minarett aus rotem Sandstein, der Hassan-Turm. Er erinnert an die Koutoubia in Marrakesch und an die Giralda von Sevilla.

**Tour Hassan II | Rabat**

L'emblème, visible de loin, de la grande mosquée inachevée est le minaret en grès rouge, la tour Hassan, qui rappelle la Koutoubia à Marrakech et la Giralda de Séville.

**Hassan II Tower | Rabat**

Visible from afar, the landmark of the uncompleted Great Mosque is the minaret of red sandstone, the Hassan Tower. It calls to mind the Koutoubia in Marrakech and the Giralda of Seville.

**43. Kasbah des Oudaïas | Rabat**

Ihren Namen bekam die Festung vom Stamm der Oudaias, der im 13. Jahrhundert hier siedelte. Heute ist die Kasbah eine beliebte Adresse Wohlhabender aus Rabat.

**Kasbah des Oudaïas | Rabat**

La forteresse doit son nom à la tribu des Oudaïas qui s'établit ici au 13ème siècle. À l'heure actuelle, la kasbah est une adresse très recherchée par les familles aisées de la ville de Rabat.

**Kasbah of the Oudaias | Rabat**

The fortress took its name from the tribe of the Oudaias, who settled here in the 13th century. Today the Kasbah is a sought-after address of wealthy people from Rabat.

## 44. Blick auf Salé

In unmittelbarer Nachbarschaft von Rabat gelegen und dessen Zwillingsstadt, ist Salé doch eine Stadt mit eigener Kultur, streng muslimisch, traditionsbewusst und von Touristen nur selten besucht.

## Vue sur Salé

Située à proximité immédiate de Rabat et ville jumelle de celle-ci, Salé est toutefois une ville très respectueuse de la religion musulmane, très soucieuse des traditions et dans laquelle les touristes sont rares à s'aventurer.

## View of Salé

Located in the immediate neighbourhood of Rabat and its twin city, Salé is nevertheless a city with its own culture, a strictly Muslim city, rich in tradition and only rarely visited by tourists.

**45. Hassan II.-Moschee | Casablanca**

Die Moschee wurde 1989 zum 60. Geburtstag von Hassan II., dem Vater des jetzigen Königs Mohammed VI., gebaut. Ihre Größe und Ausstattung sind beeindruckend.

**Mosquée Hassan II | Casablanca**

La mosquée a été construite en 1989 à l'occasion du 60ème anniversaire d'Hassan II, père de l'actuel roi du Maroc, Mohammed VI. Ses dimensions et sa décoration sont impressionnantes.

**Hassan II Mosque | Casablanca**

The Mosque was constructed in 1989 for the 60th birthday of Hassan II, the father of the present King Mohammed VI. Its size and furnishings are impressive.

**46. Hassan II.-Moschee | Casablanca**

Rund 20 000 Gläubige können hier beten, weitere 80 000 auf dem großen Vorplatz. 2500 Säulen stützen die Haupthalle.

**Mosquée Hassan II | Casablanca**

Quelque 20 000 fidèles peuvent prendre place dans la salle des prières tandis que le parvis peut en accueillir jusqu'à 80 000. 2500 piliers au total soutiennent la travée principale.

**Hassan II Mosque | Casablanca**

Around 20,000 believers can worship here, with a further 80,000 on the large outer square. The main hall is supported by 2,500 pillars.

## 47. El Jadida

Die „Cité Portugaise“, umgeben von einer mächtigen Festungsmauer und mit langen Sandstränden, ist im Sommer ein beliebter Ausflugsort für die Bewohner von Marrakesch, die der erdrückenden Hitze entkommen möchten.

## El Jadida

La «Cité Portugaise», entourée d'un imposant mur d'enceinte et bordée de longues plages de sable, est un but d'excursion très prisé en été des habitants de Marrakech désireux d'échapper à la canicule.

## El Jadida

The "Cité Portugaise", surrounded by a mighty fortress wall and with long sand beaches, is a popular excursion destination in summer for the residents of Marrakesh who want to get away from the oppressive heat.

**48. Citerne Portugaise | El Jadida**

Die unterirdische Zisterne diente auch schon als Filmkulisse. Aus der Spiegelung des Gewölbes im Wasser ergibt sich ein ästhetischer, beinahe künstlerischer Reiz des Raumes.

**Citerne Portugaise | El Jadida**

La citerne souterraine a déjà servi de décor cinématographique. Le reflet des voûtes dans l'eau donne un charme esthétique voire artistique à cette salle.

**"Citerne Portugaise" | El Jadida**

The underground cistern has also served as a film set. The reflection of the arch in the water creates the aesthetic, almost artistic charm of the room.

## 49. Blick nach Safi

Von Touristen weitgehend unbeachtet, liegt Safi in einer felsigen Bucht an der Atlantikküste und beherbergt einen der größten Fischerhäfen für Sardinen.

## Vue vers Safi

Ignorée par la grande majorité des touristes, Safi repose dans une baie rocheuse sur la côte atlantique et abrite l'un des plus grands ports sardiniers.

## View towards Safi

Largely overlooked by tourists, Safi lies in a rocky bay on the Atlantic coast, and is one of the largest fishing harbours for sardines.

## 50. Safi-Keramik

Safi ist eines der Zentren für die Herstellung von Keramik. In den Töpfereien der Stadt werden Schalen, Vasen und Teller in strahlenden Farben hergestellt.

## Céramique de Safi

Safi est l'un des centres de fabrication de céramique. Des coupes, vases et assiettes aux couleurs resplendissantes sortent des ateliers de poterie de la ville.

## Safi ceramics

Safi is one of the centres for the production of ceramics. The potteries of the town produce bowls, vases and plates in radiant colours.

## 51. Menara-Gärten

Die Menara-Gärten, etwas außerhalb von Marrakesch, sind ein beliebtes Ausflugsziel. Früher ein Ort für ein Stelldichein der Sultane, finden heute an dem großen Wasserbecken, in dem es neuerdings eine Seebühne gibt, Hochzeitsfeiern und größere Events statt.

## Jardins de la Ménara

Les jardins de la Ménara, à quelques kilomètres de la ville de Marrakech, attirent de nombreux visiteurs. Autrefois lieu de rendez-vous des sultans, on y célèbre désormais mariages et grandes manifestations près du grand bassin d'eau flanqué depuis peu d'une scène amovible qui sort de l'eau.

## The Menara Gardens

The Menara Gardens located a short way outside Marrakesh, are a popular excursion destination. Earlier a place of rendezvous of the Sultans and their concubines, wedding celebrations and major events are today held at the great pool, where a floating stage has recently been installed.

**ERNST STEINER** wurde 1947 in München geboren und lebt heute in Rosenheim. Photographie interessierte ihn schon sehr früh und neben einer technischen Ausbildung und einem Kunststofftechnik-Studium in Braunschweig hat er sich systematisch in photographischer Technik fortgebildet. Seit 1985 betreute Steiner als Reiseleiter zahlreiche Reisen und Trekkingtouren durch fast alle Regionen des Himalaja und quer durch den indischen Subkontinent, aber auch nach Burma, Bhutan, Vietnam, Pakistan, Indonesien, Thailand und in viele europäische Länder. Die Kamera war dabei sein unverzichtbarer Begleiter, zunächst im Mittel-, später im Panorama-Format. Ernst Steiners Photographien waren in vielen Ausstellungen zu sehen und wurden in zahlreichen internationalen Publikationen veröffentlicht.

**IRIS LEMANCZYK** wurde 1964 in Kirchheim/Teck bei Stuttgart geboren. Nach dem Studium der Germanistik und Geographie lockte immer wieder die Ferne. Sie reiste um die Welt, schnupperte eine Zeit lang Zirkusluft, lebte in Namibia und besuchte für ein paar Monate Australien und Neuseeland. Dazwischen arbeitete sie als Zeitungs-Redakteurin bei der „Südwest Presse“ in Ulm. Seit 1997 ist sie freiberuflich tätig, schreibt Kinder- und Jugendbücher sowie Sachbücher, verfasst Reiseberichte und ist als Dozentin für Kreatives Schreiben tätig.

**ERNST STEINER** est né en 1947 à Munich et vit aujourd'hui à Rosenheim. S'intéressant très tôt à la photographie, il a systématiquement perfectionné sa technique tout en poursuivant une formation technique et des études de technique des matières synthétiques à Brunswick. A partir de 1985, Steiner a accompagné de nombreux voyages et trekkings comme guide dans presque toutes les régions de l'Himalaya et le subcontinent indien, mais aussi en Birmanie, au Bhoutan, au Viêt-Nam, au Pakistan, en Indonésie, en Thaïlande et dans de nombreux pays européens. Son appareil-photo, d'abord moyen format, plus tard format panorama, ne le quittait jamais. Les photographies d'Ernst Steiner ont été montrées dans de nombreuses expositions et publiées dans de nombreuses publications internationales.

**IRIS LEMANCZYK** est née en 1964 près de Stuttgart. Après des études de philologie allemande et de géographie, elle effectue régulièrement des voyages lointains. Elle voyage à travers le monde, séjourne pendant quelque temps dans un cirque, vit en Namibie et passe plusieurs mois en Australie et en Nouvelle-Zélande. Entre toutes ces occupations, elle trouve néanmoins le temps d'apprendre un métier sérieux : rédactrice journalistique au quotidien allemand « Südwest Presse » à Ulm. Elle rédige également des comptes rendus de voyage et dispense des cours de création littéraire.

**ERNST STEINER** war born in 1947 in Munich and now lives in Rosenheim. He was interested in photography very early on, and alongside a technical education and studies in plastics technology at Braunschweig, he has systematically continued further studies in photographic technology. Since 1985 Steiner has supervised, as a tour guide, many journeys and trekking tours through almost all Himalayan regions and right across the Indian subcontinent, and also to Burma, Bhutan, Vietnam, Pakistan, Indonesia, Thailand and many European countries. During these journeys his camera was his indispensable companion, initially in medium format and later in panorama format. Ernst Steiner's photographs have been seen in many exhibitions and have also been published in many international publications.

**IRIS LEMANCZYK** was born in 1964 in Kirchheim/Teck near Stuttgart. After studying German and geography, she gave way to the call of far-distant places. She travelled around the world, experienced the circus life for a time, lived in Namibia and spent several months in Australia and New Zealand. In between, she worked as a newspaper editor for the "Südwest Presse" in Ulm. Since 1997 she has worked as a freelancer, writing children's books and non-fiction and compiling travel reports, and also works as a lecturer on creative writing.

A production by Edition Panorama, Germany



EDITION PANORAMA GmbH
G7, 14 | D-68159 Mannheim
T +49 (0)621 | 32 88 69 - 0
F +49 (0)621 | 32 88 69 - 20
info@editionpanorama.de
www.editionpanorama.com

ISBN: 978-3-89823-444-3

Concept: Bernhard & Sebastian Wipfler
Design: Edition Panorama & Marcus Bela Schmitt
Editorial department: Dr. Christophe Klimmer, Wolfgang Roth
Translations: Global-Text, Heidelberg | Mark Woolfe, Jocelyne Abarca
Separations: EPS GmbH, Speyer
Printing: ColorDruckLeimen GmbH, Leimen
Bookbinding: Buchbinderei Schaumann GmbH, Darmstadt
Covermaterial: "Imperial" Book Cloth, BN International
Slipcase: Neudel Verpackungen GmbH, Neckarbischofsheim